땅속에 누가 살아?

작은돌고래
003

명랑 | 생태 | 동화

땅속에 누가 살아?

글 노정임 | 그림 이경석

산타와 나무의
"모든 생명과 함께 웃는 세상 이야기" ❷

웃는돌고래

산타와 나무의
"모든 생명과 함께 웃는 세상 이야기" ❷

유쾌하고 즐겁게 지구의 생태계를 여행하는 생태 동화입니다.
산타와 사슴 '나무'는 어른과 아이의 관계이면서 동시에 서로 도와주는 친구이기도 합니다.
둘이서 생태계 곳곳을 다니며 동물 친구들을 만나고 소중한 친구가 됩니다.
동물원에 이어 땅속에도 갔고, 바다에 가서 더 많은 동물 친구를 사귀게 될 거예요.
산타와 나무가 선물을 배달할 곳도, 사랑과 관심을 가져야 할 곳도 점점 넓어집니다.
산타와 나무를 따라 함께 여행하다 보면 어린이들은 지구를 한눈에 보는 시각을 키우게 될 것입니다.

소개합니다

산타

같이 선물을 배달하던 순록이 북극으로 돌아가 버려서 한동안 혼자 일했어요. 그러다 우연히 '나무'를 만나서 함께 살고 있어요. 할아버지라고 부르는 것을 몹시도 싫어한답니다.

나무

옛이야기 〈선녀와 나무꾼〉에 나오는 사슴의 손자예요. 할머니 사슴이 옛날에 나무꾼이 자신을 구해 준 것을 기억하려고 손자 이름을 '나무'라고 지었어요. 할머니가 '사람을 도와야 한다'고 해서 산타를 돕고 있어요.

콩콩이

시간과 공간을 마음대로 오갈 수 있는 스카이콩콩이에요. 밤에만 움직이고, 작은 굴뚝도 문제없이 들어간답니다. 요즘 집에는 굴뚝도 없고 틈새도 없어서 열쇠 구멍 정도의 크기를 통과하는 법도 알아냈어요. 콩콩이를 타면 사람들은 보지 못하고 동물들은 볼 수 있어요.

차례

소개합니다　5

산타의 여름 선물　8

깜깜한 땅속에 산다고?　16

나와라, 땅속 친구들!　24

하룻밤 동안 떠나는 땅속 여행　36

12월 24일이 되었어요　54

지은이의 말 - 흙과 더불어 사는 동물의 세계　60

산타의 여름 선물

지난 크리스마스에도 산타와 나는 선물을 배달했어요.
동물원에 사는 동물 친구들에게도 선물을 주었지요.

지난 크리스마스에 선물을 못 받았다고요?

선물할 곳이 너무 많아 가끔 빠뜨리기도 해요. 선물이 바뀔 때도 있고요. 산타가 건망증이 심한 거 알고 있지요?

벌써 여름이에요.
크리스마스에 선물만 배달하고 나면 산타와 나는 364일 내내
휴가예요.
둘이서 가는 소풍, 둘이서만 하는 달리기 시합, 둘만 노는 수영도
여섯 달쯤 되면 시들해요. 맨날 나만 이기는 게임도 재미없지요.
그러니 나는 놀러갈 궁리를 해요.

"놀러가요."
"그래, 가자!"
기다렸다는 듯이 산타가 말했어요.

"어?"

선물을 배달하는 일 말고는 멀리 가는 걸
귀찮아하는 산타가 웬일일까요?
내가 조르기도 전에 흔쾌히
가자고 하니 말이에요.

산타 마음이 바뀌기 전에 서둘러 집을 나섰어요.
"어디로 가는 거예요?"
나는 벌써부터 가슴이 두근두근했어요.

그런데 산타는 마당에 나오더니 더는 발걸음을 떼지 않았어요.
그리고 이렇게 말하는 거예요.
"짜잔~, 여기야! 여기서 놀자."

넘어지면 코 닿을 곳으로 오다니, 어이가 없어요.
"네가 심심해할 줄 알고 준비한 선물이야.
어때, 멋지지?"

산타가 온 곳은 집 아래 텃밭이었어요.

깜깜한 땅속에 산다고?

밭에는 당근이 자라고 있었어요. 산타가 당근을 아주 좋아하거든요.
산타는 먼 곳으로 여행하기 싫어서 마당에 텃밭을 만든 게 분명해요.

선물이라고 하니 거절할 수도 없어요. 가끔 크리스마스에 받은 선물이 마음에 들지 않을 때도 있었지요? 그렇다고 안 받을 순 없잖아요.

"이것 봐, 나무야! 당근이 많이 자랐어. 당근 잎이 이렇게 생긴 거 알았니? 당근 잎은 정말 멋지게 생겼어."

"당근이 당근이지요, 뭐."

나는 당근을 좋아하지 않는답니다.

산타가 하는 말은 듣는 둥 마는 둥, 나는 흙을 파며 놀았어요. 흙으로 집도 짓고, 기차도 만들었어요. 불도저처럼 손으로 흙을 밀어 작은 산도 만들었지요.
그래도 텃밭은 재미가 없어요.

오늘 하루만 텃밭에서 놀고,
내일은 다른 곳으로 가자고 할 거예요.
해가 질 무렵, 산타는 당근 뿌리가 저녁노을처럼 몹시도 황홀한
빛깔이라고 말했어요. 흥얼흥얼 노래도 불렀고요.
그러다 산타가 갑자기 소리를 버럭 질렀어요.

"당근이 사라졌다! 어디 갔지?
어디 갔지?"

펄쩍펄쩍 뛰더니, 두리번두리번
둘레를 살폈어요.
그때, 당근 하나가 땅속으로 쏙
빨려 들어가는 게 아니겠어요!

당근이 사라진 구멍을 들여다보니 두더지가 있었어요.
산타가 소리쳤어요.
"당근 건드리지 마! 여긴 내 밭이야!"
"땅 위에서나 내 밭, 네 밭 나누지,
땅속에는 그런 거 없어."
"그런가?"
산타는 갑자기 할 말을 잃었어요.

나는요, 당근이 사라지든 도로 나타나든 그건 관심
없고요. 그저 땅속에 동물이 산다는 게 신기하기만 해요.
반짝반짝 빛나는 눈으로 산타를 바라봤어요.

"왜?"
"가요!"
"어딜?"
"땅속에요!"
"껌껌한 땅속엔 왜?"
"땅 밑에서는 우리 밭이 어디까지인지 모른다잖아요.
우리가 가서 알려 주자고요."
"그럴까?"

나는 산타를 보며 고개를 끄덕였어요.
멀리 가기 귀찮아하던 산타는
또 이렇게 나와 함께 땅속 여행을 떠나게 되었답니다.

나와라, 땅속 친구들!

"두더지야, 같이 가자."
두더지가 심드렁한 얼굴로 올려다 보며 말했어요.
"너같이 큰 뿔을 가지고 땅속으로 가겠다고? 덩치도 크잖아."
"크기만 작아지면 같이 가는 거지? 좋았어! 잠깐 기다려!"

산타와 나는 콩콩이에 올라탔어요. 슝- 슝- 슝!
산타와 나는 금세 두더지만큼 작아졌어요.
선물 배달할 때 열쇠 구멍도 통과하는 요술 콩콩이니까요.
이쯤은 식은 죽 먹기랍니다.

땅속에 들어오니 별도 달도 없는 깊은 밤처럼 깜깜했어요.
"땅속에서 어떻게 살아? 깜깜해. 숨 막히고."
"모르는 소리! 흙 속에는 물도 있고, 공기도 있는걸!"
"그래? 아무리 그래도 왜 힘들게 땅을 파고 사는 거야?"
"땅 위는 햇볕도 따갑고 바람도 세게 부는데, 땅속은 참 포근해. 겨울에 땅속에서 겨울잠 자는 동물들도 많잖아."
"겨울잠 자는 동물들은 겨울에만 땅속에서 지내잖아."
"모르는 소리! 겨울 말고도 봄, 여름, 가을 내내 땅속에는 동물들이 아주아주 많이 살아."
"그래?"

"이 땅속에는 나만 사는 게 아니라고!
텃밭 흙 속에 얼마나 많은 생물이 사는지 보여 줘야겠군."

"눈이 어디야?"

"난, 땅강아지. 내 눈은 땅속에서 살기에 딱 알맞게 생겼지. 너처럼 눈이 크면 눈에 흙이 다 들어갈 거야. 땅속 동물들은 대개 눈이 작아."

"벼룩인가?"

"난, 톡토기. 난 뜀뛰기를 잘해. 내 키의 열 배를 뛸 수 있어. 목욕도 좋아해. 고양이처럼 몸을 닦지."

"다리가 몇 개야?"

"난, 노래기. 몸이 납작하고 다리 힘이 세서 땅속을 잘 다니지. 위험이 닥치면 몸을 도르르 말고, 고약한 냄새를 피워 적을 쫓아내."

"얼굴이 어디야?"
"난, 지렁이. 앞으로 가는 쪽에 입이 있으니까 이쪽이 얼굴이지!"

"대체 어디 있어?"
"난, 선충이라고 해. 아주 작고 날씬해서 좁은 틈만 있어도 꼬물꼬물 깊은 땅속까지 갈 수 있어."

촌스럽게, 생긴 거 가지고 따지지! 말아 줘~!
우린! 땅속에 딱 알맞게 적응한 거야.

"알았어, 알았다고! 아무튼 우리 텃밭은 여기까지야.
그러니까 이제 당근 먹으면 안 돼! 그만 가자, 나무야."
산타는 두더지에게 한마디 하더니, 어서 집에 가자고 보챘어요.
굴을 파던 두더지는 아랑곳하지 않고 이렇게 말했어요.

"땅속 동물들 덕분에 텃밭에서 당근을 기를 수 있다는 건 모르지?"

"그게 무슨 소리야?"

땅을 비옥하게 만드는 데는
지렁이만 한 동물도 없지!! 사람들은 나를 '땅속 농부',
'자연의 쟁기', '땅을 일구는 부지런한 일꾼'이라고 말해.
에헴, '땅의 주인'이라고 하는 사람도 있더군.
쉬지 않고 열심히 먹고 내놓는 내 배설물이 바로
영양분 덩어리야. 내가 땅속으로 지나간 길로
공기와 빗물이 구석구석 스며들지.

아직 우리 선충들을 모르는 사람이 많아.
눈을 크게 뜨고 봐. 알고 나면 내가 보일 거야.
'투명한 지렁이'라고도 하고, '땅속의 플랑크톤'이라는
별명도 있어. 우리는 우글우글 모여 살아. 비옥한 땅에는
셀 수 없이 많이 살지.
지렁이보다 더 흙을 잘게 부숴.

우리는 해를 주기도 하고,
도움을 주기도 해. 어쨌든 분명한 사실은
우리가 사는 땅은 건강하고 기름지다는 거야!
우리는 메마른 땅에서는 살지 않지.
우리가 사는 것만 봐도 땅이
기름지다는 걸 알 수 있어.

33

손바닥만 한 텃밭 땅속에 이렇게 많은 동물들이 살고 있을 줄이야!
나는 다른 땅속도 궁금해졌어요. 두더지에게 물었어요. 궁금한 걸
참는 건 정말 힘든 일이니까요.
"땅속에 사는 다른 동물은 없어?"
"숲 속에도 땅이 있고, 물속에도 땅이 있어. 바닷가
엔 갯벌도 있지. 땅마다 사는 동물이 다 달라."
두더지는 땅에 대해 아는 것도 많아요!

산타에게 말했어요.
"가요!"
"또 어딜?"
"다른 땅속에도 가 봐요!"
"안 돼!"

"땅에 대해 잘 알아야 농사를 잘 지을 수 있잖아요!"
"그런가?"

산타는 고개를 갸웃했고, 나는 고개를
끄덕였어요. 산타는 나한테 안 돼요.

하룻밤 동안 떠나는 땅속 여행

"콩콩."
땅속 굴을 따라 숲 속으로 가요.
"콩콩, 콩콩."
깊은 산에 있는 땅속에 왔어요.
구수한 나뭇잎 냄새가 나요.
두더지가 말했어요.

"숲 속 땅에는 나뭇잎이 가득 떨어져 있어.
그 아래에 흙이 있지. 흙 속에 사는 여러 생물들이 낙엽을
갉아 먹고 똥을 눠서 흙이 돼. 그래서 숲의 흙은 영양분이 아주 많아.
나뭇잎은 떨어져서 동물 먹이가 되고, 동물이 나뭇잎을 먹고 싼
똥은 기름진 흙이 되고, 나무는 그 흙에 뿌리를 내리고 흙 속 양분을
먹으며 자라는 거야."

"콩콩."

땅속 굴을 따라 늪 아래로 가요.

"콩콩, 콩콩."

물 아래에 있는 땅속에 왔어요.

시원한 기운이 느껴져요.

두더지가 말했어요.

"물 아래에도 흙이 있어. 나뭇잎이 썩어 흙이 되는 것처럼, 물풀도 썩어서 물 아래에 쌓여 흙이 되지. 늪이나 개울 속 흙에는 잠자리 애벌레도 살고, 물방개 애벌레도 살아. 참, 물속 벌레들도 숲 속 땅에 사는 동물들처럼 물속에 쌓인 잎사귀들을 먹어 치우며 흙을 만들고, 또 물을 깨끗하게 해. 물 밑에 있는 땅도 온갖 생명이 함께 살아가는 곳이야."

"콩콩."
땅속 굴을 따라 갯벌로 가요.
"콩콩, 콩콩."
바닷가 갯벌이 코앞이에요.
비릿한 냄새가 훅 끼쳐 왔어요.
두더지가 말했어요.

"갯벌은 바닷가에 있어. 평평하고 널찍하지. 갯벌은 강에서 흘러 내려온 아주 작은 흙과 모래알이 오랫동안 쌓여서 생긴 거야. 고운 흙과 모래가 섞여 있고 축축해. 아무것도 살지 않는 것처럼 조용해 보이지만 무척 많은 동물이 살고 있어. 낙지, 게, 조개, 갯지렁이들이 갯벌 흙 속에 북적북적해."

"아 참, 사람들도 땅속에 있어."
"뭐라고? 어디? 어디?"

12월 24일이 되었어요

텃밭 아래 땅속,
숲 속 밑 땅속,
물 밑 땅속,
갯벌 아래 땅속에
다녀온 뒤에 산타와 나는 다시 여러 가지 놀이를 하며 놀았어요.
소풍도 가고, 달리기 시합도 하고, 수영도 하고, 같이 음식도
만들었지요. 가끔은 게임도 했고요. 여전히 내가 이겼답니다.
그런데 한 가지! 땅속 여행을 다녀와서 달라진 게 있어요.
산타는 텃밭에 뿌릴 거름을 직접 만들기 시작했어요. 똥, 오줌, 음식
찌꺼기를 섞어 만들지요. 귀찮다면서도 친구가 된 땅속 동물들을
생각하며 만드는 거예요.
눈에는 잘 보이지 않지만, 땅속 동물들은 산타와
나의 영원한 친구가 되었답니다.

12월이 되었어요. 산타는 어린이들에게 줄 선물을 정하기 시작했지요. 나는 그 사이 땅속 친구들에게 편지를 썼고요.

두더지, 땅강아지, 톡토기, 노래기, 지렁이, 선충에게.
너희들을 알게 되어 정말 기뻐.
처음 본 땅속을 잊을 수가 없어.
땅 밑에, 눈에는 보이지 않지만
셀 수 없이 많은 동물이 살고, 모든 식물들은
땅에 뿌리를 내리고 산다는 것도 알게 되었지.
사람이 땅속을 이용한다는 것도 알았고!
우리는 너희를 잊지 못할 거야.
너희도 우리를 잊지 마!

덧붙임. 가을에 당근을 엄청 거두었어. 나는 당근이 싫은데, 산타는 당근이 맛있다며 입에 달고 살아. 콩콩이는 좁은 땅굴 안을 쉬지 않고 뛰어다니다 몸살이 났는데, 푹 자고 나서 말끔히 나았단다.

57

지은이의 말
흙과 더불어 사는 동물의 세계

땅속은 따뜻한 생태계랍니다

나무랑 산타랑 함께 땅속에 사는 많은 동물들을 만나 봤어요. 이 책에서 만났던 땅속 동물들 이름을 한번 불러 볼까요? 두더지, 땅강아지, 북토기, 노래기, 지렁이, 선충……. 이 책에서는 땅에 사는 동물 중에서 대표 선수만 소개했어요. 실제로는 이보다 훨씬 더 많은 동물들이 살아가고 있어요. 커다란 동물들도 땅속을 좋아해서 땅속에 집을 짓고 살거나 땅속에서 겨울잠을 자기도 해요. 또 맨눈으로 보이지 않을 만큼 작은 미생물도 살고 있어요.

모든 식물들도 땅속에 뿌리를 내려 몸을 지탱하고 양분을 빨아들이며 살아가지요. 땅이 기름져야 풀도 나무도 잘 자라요. 우리가 먹는 곡식과 채소들이 사는 곳도 땅이에요. 흙이 두텁고 기름진 땅은 수많은 곡식이 생산되는 곡창지대이고, 흙이 없는 곳은 사막과 같은 거친 땅이랍니다.
그러니까 땅은 모든 동식물을 살게 해 주는 따뜻한 생태계랍니다.

흙은 중요한 자원이에요

흙은 지구의 맨 바깥쪽에 있어요. 사람 몸과 견주어 보면 흙은 지구의 피부라고 할 수 있어요. 사람의 살갗이 무척 얇은 것처럼 지구의 흙도 많지 않답니다. 지구 반지름은 약 6,400킬로미터인데, 흙은 1미터니까 정말 얇지요?

흙은 어떻게 만들어질까요? 땅 위의 풀들이 다 자란 뒤에 시들면 몇 백 년 동안 썩으면서 부슬부슬한 흙이 됩니다. 나뭇잎이나 나뭇가지들도 썩어서 몇 년이 지나면 흙이 됩니다. 물속에서 자라는 물풀도 시든 뒤에 수십

년 동안 썩어서 흙이 됩니다. 동물들도 죽으면 한참 지나 썩어서 흙이 되고요. 커다랗고 단단했던 바위도 시간이 지날수록 조금씩 잘게 쪼개지면서 자갈, 모래, 흙으로 바뀌어 갑니다. 이렇게 동식물과 바위의 가루로 만들어진 흙들이 다 섞여서 지구를 덮고 있는 흙이 되어요.

이와 같은 과정을 거쳐 흙이 만들어지려면 무척 오래 걸려요. 5센티미터의 흙이 만들어지는 데 약 1천 년이 걸린답니다. 오늘날 지구에 있는 흙은 많지도 않을 뿐더러 수천, 수만 년에 걸쳐 만들어진 귀한 자원이에요.

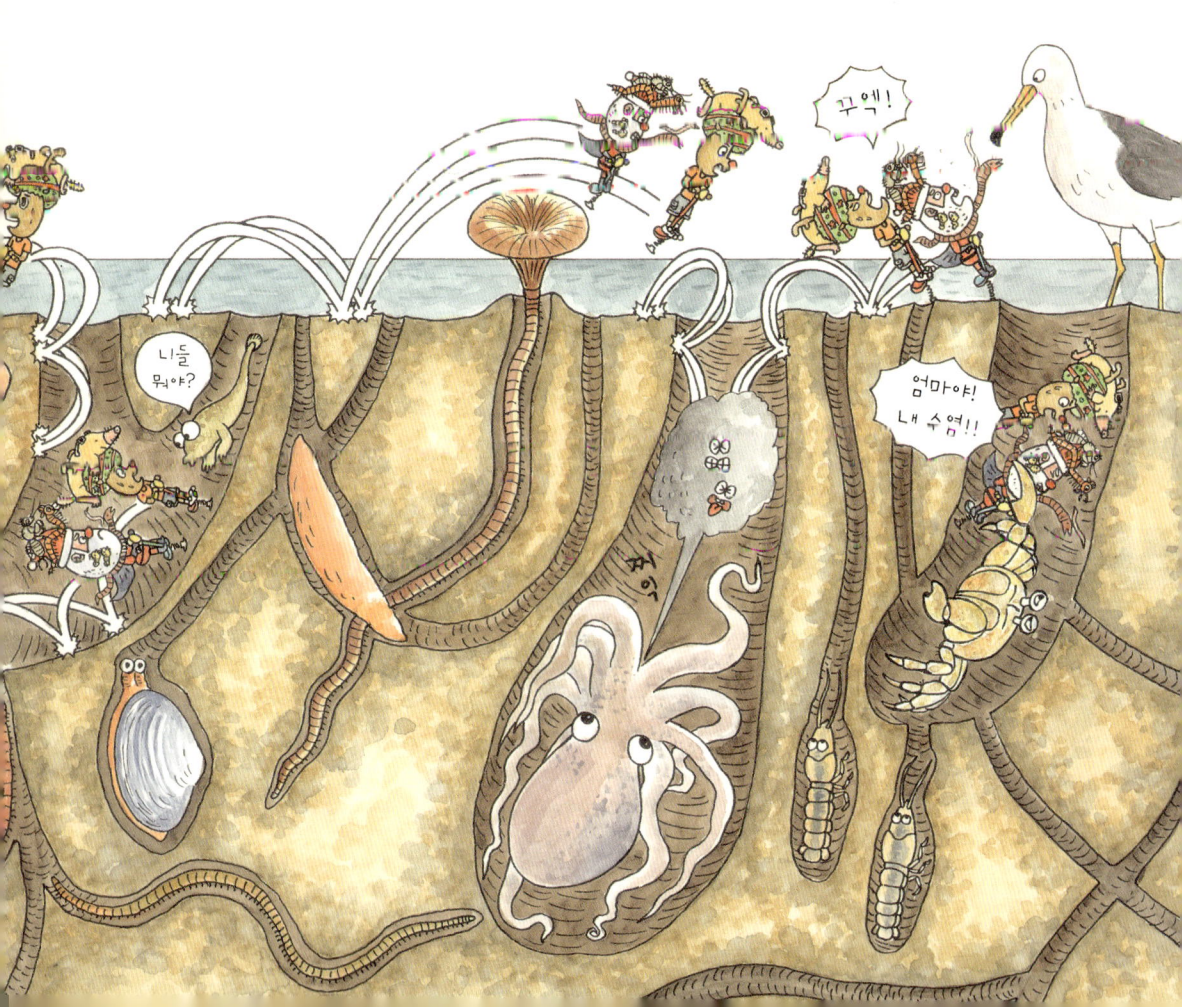

흙 속 생물들과 함께 흙을 가꿔요

죽은 생물이 썩어서 흙이 되려면 미생물의 도움이 있어야 해요. 또 동물들이 먹고 싼 똥도 흙이 되지요. 그래서 땅을 건강하게 지키는 것이 아주 중요해요. 땅이 건강하지 않으면 동물들이 살 수 없고, 동물들이 살지 않으면 더 이상 건강한 흙이 만들어지지 않겠지요.

흙 속에서는 매일매일 수많은 일들이 일어난답니다. 흙이 만들어지기도 하고, 식물은 뿌리를 뻗어 가고, 동물은 먹이를 찾아 먹기도 하고, 집을 짓고, 잠을 자기도 하지요.

가끔 나무와 산타처럼 걸음을 멈추고 발아래 살고 있는 흙 속 동물과 식물에게 말을 걸어 보세요. 흙을 소중하게 여기는 마음이 생겨날 거예요.

2012년 8월

노정임

땅속에 누가 살아?

첫 번째 찍은 날 | 2012년 9월 5일
두 번째 찍은 날 | 2016년 1월 20일

기획·글 노정임 | **그림** 이경석
펴낸이 이명희 | **펴낸곳** 도서출판 이후 | **편집** 김은주, 신원제, 유정언 | **마케팅** 김우정
표지 및 본문 디자인 | (주)끄레 어소시에이츠

글 ⓒ 노정임, 2012
그림 ⓒ 이경석, 2012

등록 | 1998. 2. 18(제13-828호)
주소 | 04050 서울시 마포구 양화로 156, 1229호 (동교동, 엘지팰리스빌딩)
전화 | 대표 02-3144-1357 팩스 02-3141-9641
블로그 | http://blog.naver.com/dolphinbook
트위터 | @SmilingDolphinB
ISBN | 978 89 97715-00-0 73800

이 도서의 국립중앙도서관 출판시도서목록(CIP)은
e-CIP 홈페이지(http://www.ni.go.kr/cip.php)에서 이용하실 수 있습니다.
(CIP 제어번호: CIP 2012003832)

이 책은 저작권법에 의해 보호를 받는 저작물이므로 무단 전재와 복제를 금합니다.

웃는돌고래 꽃의 걸음걸이로, 어린이와 함께 자라는 웃는돌고래